BEI GRIN MACHT SICH IHR WISSEN BEZAHLT

- Wir veröffentlichen Ihre Hausarbeit, Bachelor- und Masterarbeit

- Ihr eigenes eBook und Buch - weltweit in allen wichtigen Shops

- Verdienen Sie an jedem Verkauf

Jetzt bei www.GRIN.com hochladen und kostenlos publizieren

Model Driven Architecture (MDA). Problembereiche der Softwareentwicklungsprojekte

Eine fiktive Fallstudie

Daniel Krüger

Bibliografische Information der Deutschen Nationalbibliothek:

Die Deutsche Nationalbibliothek verzeichnet diese Publikation in der Deutschen Nationalbibliografie; detaillierte bibliografische Daten sind im Internet über http://dnb.d-nb.de abrufbar.

ISBN: 9783346246844
Dieses Buch ist auch als E-Book erhältlich.

Druck und Bindung: Books on Demand GmbH, Norderstedt Germany
Gedruckt auf säurefreiem Papier aus verantwortungsvollen Quellen

Das vorliegende Werk wurde sorgfältig erarbeitet. Dennoch übernehmen Autoren und Verlag für die Richtigkeit von Angaben, Hinweisen, Links und Ratschlägen sowie eventuelle Druckfehler keine Haftung.

Das Buch bei GRIN: https://www.grin.com/document/923134

FOM Hochschule für Ökonomie & Management
Hochschulzentrum Mannheim

Seminararbeit

Model Driven Architecture (MDA)

Hochschule: FOM Hochschule
                   Hochschulzentrum Mannheim
                   Steubenstraße 44
                   68163 Mannheim

Modul: IT-Projektmanagement & Softwareentwicklung

Studiengang: IT-Management (Master of Science)

Student: Herr Daniel Krüger

Inhaltsverzeichnis

Abkürzungsverzeichnis

CIM	Computation Independent Model
H	Hypothesen
IDL	Interface Definition Language
M	Menge
MDA	Model Driven Architecture
MOF	Meta Object Facility
OMG	Object Management Group
ORM	Object-Relational Mapping
P	Problembereiche
PIM	Platform Independent Model
PM	Platform Model
PSI	Platform Specific Implementation
PSM	Platform Specific Model
R	Relation
SQL	Structured Query Language
UML	Unified Modeling Language

Abbildungsverzeichnis

Tabellenverzeichnis

1 Einleitung

1.1 Motivation

Die „Standish Group" ist eine Forschungsorganisation, die sich mit der Effizienz von Softwareentwicklungsprojekten beschäftigt (nach STANDISH-ABOUT 2018). Die Effizienz ist „das Verhältnis von wertmäßigem Output zu wertmäßigem Input" (nach WÖHE, DÖRING und BRÖSEL 2016, S. 8). Bereits im Jahr 1995 wurde von der Standish Group veröffentlicht, dass 31 % aller Softwareentwicklungsprojekte ohne verwertbare Ergebnisse abgebrochen werden und jedes zweite Softwareentwicklungsprojekt das finanzielle Budget um 53 % überschreitet (nach VERSTEEGEN 2000, S. 2). Die Literatur fasst diese Situation unter dem Begriff „Softwarekrise" zusammen (nach VERSTEEGEN 2000, S. 2). Nach dem STANDISH-CHAOS-REPORT (2015) besteht die Imponderabilität (Unwägbarkeit, Unberechenbarkeit) von Softwareentwicklungsprojekten noch immer.

Jedoch existieren inzwischen verschiedene Ansätze, die Auswege aus der Softwarekrise beschreiben (nach HAMILTON 2008, S. 21 und S. 155 ff.). Ein Lösungsansatz stammt von der „Object Management Group" (OMG). Die OMG ist ein Zusammenschluss aus wirtschaftlich selbständigen Unternehmen (Konsortium), der sich seit 1989 mit herstellerunabhängigen Softwareentwicklungsstandards beschäftigt (nach OMG-ABOUT 2018). Ein Standard ist etwas, das als mustergültig angesehen wird und das seine Wirkung durch allgemeine Anerkennung entfaltet (nach REISS und REISS 2009, S. 37). Im Jahr 2014 wurde von der OMG der Standard „Model Driven Architecture" (MDA) in der Version 2.0 veröffentlicht (nach OMG-MDA-GUIDE 2014, S. 1). Die MDA beschreibt eine systematische Vorgehensweise bei der Softwareentwicklung und verfolgt das Ziel, die Effizienz von Software-entwicklungsprojekten zu verbessern (nach OMG-MDA-GUIDE 2014, S. 1). Tatsächlich enthält die MDA jedoch auch Problembereiche (nach FRANKEL 2003, S. 210), welche zu einer Beschäftigung mit dem Thema motivieren.

1.2 Ziel

Bisher sind Softwareentwicklungsprojekte noch immer imponderabel, obwohl sich die Situation durch die Vorgehensweise der MDA inzwischen verbessert haben sollte (vgl. Kapitel 1.1). Die Ziele dieser Seminararbeit sind deshalb
1. die Explikation (Erklärung, Darlegung) und
2. die Identifikation von Problembereichen (P)
der MDA anhand einer fiktiven Fallstudie.

1

1.3 Vorgehensweise

Für die Explikation der MDA in einer Fallstudie (vgl. Kapitel 1.2) wird eine einfache Anforderung (vgl. Kapitel 2.1) ausgewählt: Ein Katalog (z. B. Werbekatalog), der eine beliebige Anzahl an Seiten enthält, soll in einer MySQL-Datenbank abgebildet werden. Gemäß der MDA wird die Anforderung zunächst formalisiert (vgl. Kapitel 2.2), indem daraus in einer formalen Sprache ein Modell (vgl. Kapitel 2.3) erzeugt wird. Danach wird das Modell transformiert, bis es schließlich in einer relationalen MySQL-Datenbank in Form von Tabellen abgebildet wird. Die mehrstufige Transformation des Modells wird durch Generatoren unterstützt (vgl. Kapitel 2.4), die eine automatisierte Umwandlung ermöglichen.

Die Identifikation der Problembereiche (vgl. Kapitel 1.2) erfolgt anhand der Fallstudie. Zunächst wird nun der Begriff „Model Driven Architecture" (MDA) näher beschrieben.

2 Model Driven Architecture (MDA)

Der Begriff „Model Driven Architecture" (MDA) ist ein Kompositum aus drei englischen Teilwörtern. Das Wort „Model" (deutsch „Modell") bezeichnet ein abstraktes bzw. vereinfachtes Abbild der Realität (nach OMG-MDA-GUIDE 2014, S. 5 f. und nach PETRASCH und MEIMBERG 2006, S. 44).

Das Wort „Architecture" (deutsch „Architektur" bzw. „Softwarearchitektur") bezeichnet die Gesamtheit der Strukturen (die Anordnung von Teilen) eines Systems (nach PETRASCH und MEIMBERG 2006, S. 42). Nach PETRASCH und MEIMBERG (2006, S. 53) setzt sich das deutsche Wort „Architektur" aus den griechischen Wörtern „arche" (Beginn, Anfang) und „tektonikus" (Planen, Entwerfen) zusammen. Die Architektur ist somit eine grundlegende Anordnung, die zu Beginn geplant wird und nicht willkürlich erfolgt. Eine Definition des Architekturbegriffs liefert die MDA selbst nicht (nach PETRASCH und MEIMBERG 2006, S. 54). Jedoch enthält IEEE-STANDARD 1471-2000 folgende Definition: „The fundamental organization of a system embodied in its components, their relationships to each other, and to the environment".

Das Wort „Driven" (deutsch „Steuerung") bezeichnet die zielgerichtete Beeinflussung der Architektur des in IEEE-STANDARD 1471-2000 erwähnten Systems. Nach PETRASCH und MEIMBERG (2006, S. 40) beeinflusst die MDA die Erstellung des Systems durch eine „Systematik" (festgelegte Vorgehensweise).

2

Die folgende Abbildung 1 zeigt die Systematik der MDA in fünf Schritten:

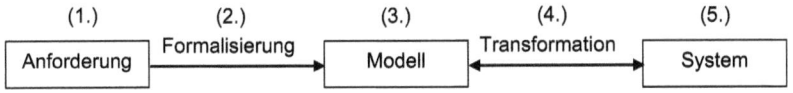

Abbildung 1: Systematik der MDA
(nach PETRASCH und MEIMBERG 2006, S. 40 und S. 149 ff.)

Aus der Abbildung ist ersichtlich, dass zunächst die „Anforderung" (1.) an das neue System ermittelt wird (vgl. Kapitel 2.1). Danach erfolgt eine „Formalisierung" (2.) der Anforderung (vgl. Kapitel 2.2), d. h. dass diese in eine strenge Form gebracht wird. Die strenge Form ist ein „Modell" (3.) mit einem zunächst hohen Abstraktionsgrad (vgl. Kapitel 2.3). Durch die Steuerung des Abstraktionsgrades (Entfernen oder Hinzufügen von Einzelheiten) ist eine syntaktische und semantische „Transformation" (4.) möglich (vgl. Kapitel 2.4). Unter Berücksichtigung einer Plattform (vgl. Kapitel 2.3.4) wird das Modell konkretisiert. Auf diese Weise lässt sich der Quellcode des neuen Systems erzeugen. Nach PETRASCH und MEIMBERG (2006, S. 40) besteht das neue „System" (5.) aus der Verbindung von Quellcode und Plattform (vgl. Kapitel 2.3.4). Auch die Umkehrung der Transformation (Schrittfolge 5., 4., 3.) wird in der Literatur beschrieben (nach STAHL, VÖLTER und EFFTINGE 2007 u. a., S. 203).

In den folgenden Kapiteln wird nun die Systematik der MDA (vgl. Abbildung 1) näher erklärt. Zunächst wird auf die „Anforderung" (1.) eingegangen.

2.1 Anforderung

Der Begriff „Anforderung" bezeichnet ein Erfordernis bzw. eine notwendige Bedingung oder Fähigkeit (nach IEEE-STANDARD 610.12-1990 und nach POHL und RUPP 2015, S. 3). Nach BALZERT (2011, S. 138) existieren verschiedene Anforderungen bzw. Erfordernisse an die Architektur eines Systems (Einflussfaktoren der Architektur). Beispielsweise „funktionale Anforderungen" die Softwarefunktionen beschreiben (z. B. Drucken, Speichern usw.) oder „nicht-funktionale Anforderungen" (z. B. Zuverlässigkeit, Benutzbarkeit, Wartbarkeit usw.).

Die folgende Abbildung 2 zeigt, dass Anforderungen in gegenseitiger Wechselwirkung zueinander stehen:

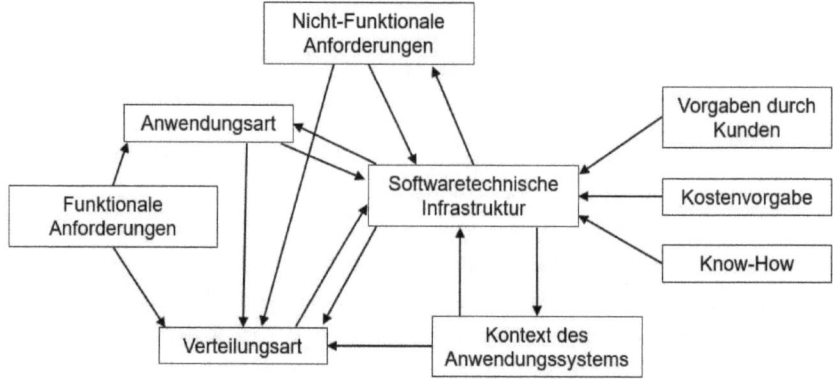

Abbildung 2: Wechselseitig verbundene Anforderungen (nach BALZERT 2011, S. 138 ff.)

Aus der Abbildung ist ersichtlich, dass die „Komplexität" (die wechselseitigen Verbindungen verschiedener Anforderungen) von der Anzahl der Anforderungen abhängig ist (nach BALZERT 2011, S. 32 f.). Aus Umfangsgründen wird auf die Anforderungen aus Abbildung 2 nicht detailliert eingegangen. Nach HOFFMANN (2013, S. 12 f. und S. 15) hat eine hohe Komplexität einen negativen Einfluss auf die zu erwartende Softwarequalität. Der Begriff „Softwarequalität" wird in der DIN-ISO-Norm 9126 wie folgt definiert: Die „Softwarequalität ist die Gesamtheit der Merkmale und Merkmalswerte eines Software-Produkts, die sich auf dessen Eignung beziehen, festgelegte und vorausgesetzte Erfordernisse zu erfüllen" (HOFFMANN 2013, S. 6). Auf vorausgesetzte Erfordernisse wird nicht näher eingegangen, da diese implizit bzw. latent sind (z. B. IT-Sicherheit). Die bereits erwähnten nicht-funktionalen Anforderungen beschreiben Qualitätsmerkmale, werden aus Umfangsgründen aber nicht näher erklärt. Bei steigender Komplexität erhöhen sich zudem die Entwicklungsdauer und die Projektkosten (nach HOFFMANN 2013, S. 6 und S. 12). Zusammenfassend gilt:

↑ Komplexität führt zu ↓ Qualität, ↑ Kosten, ↑ Dauer

Die Systematik der MDA beschreibt die Lösung des Komplexitätsproblems durch eine Formalisierung der Anforderungen (nach OMG-MDA-GUIDE 2014, S. 6). Durch eine Formalisierung werden die Anforderungen in eine „strenge Form" gebracht, welche die wechselseitigen Verbindungen reguliert bzw. ordnet. Infolgedessen sind automatisierte Umwandlungen bzw. Transformationen möglich (vgl. Kapitel 2.4). Nach PETRASCH und

MEIMBERG (2006, S. 95) führt dies zu einer Verbesserung der zu erwartenden Softwarequalität, einer Verkürzung der Entwicklungsdauer und geringeren Projektkosten (Effizienz ↑).

Der MDA-Lösungsansatz bzgl. der Imponderabilität von Softwareentwicklungsprojekten wird wie folgt zusammengefasst:

Formalisierung (vgl. Kapitel 2.2)
⇨ führt zu Modell (vgl. Kapitel 2.3)
⇨ ermöglicht Transformation (vgl. Kapitel 2.4)
⇨ führt zu ↑ Qualität, ↓ Kosten, ↓ Dauer (Vorteile der MDA)

In der Fallstudie besteht die Anforderung, dass die Struktur eines Katalogs (z. B. Werbekatalog) eine beliebige Anzahl an Seiten enthält und in einer MySQL-Datenbank (Version 8.0.12) abgebildet wird. Um die Explikation zu vereinfachen, wird bewusst eine Anforderung mit geringer Komplexität gewählt. Außerdem wird im Weiteren davon ausgegangen, dass evtl. auftretende Problembereiche (nach FRANKEL 2003, S. 210) der MDA auch bei einer Anforderung mit geringer Komplexität identifiziert werden können. Im folgenden Kapitel wird nun die Formalisierung von Anforderungen näher beschrieben.

2.2 Formalisierung

Die Formalisierung von Anforderungen wird durch die Verwendung einer „formalen Sprache" erreicht. Begrifflich ist die „formale Sprache" von der „natürlichen Sprache" abzugrenzen (nach WAGENKNECHT und HIELSCHER 2014, S. 5). Eine „natürliche Sprache" wird gesprochen und für die Kommunikation verwendet (nach RUSSEL und NORVIG 2012, S. 347 f.). Eine „formale Sprache" hingegen ist eine konstruierte bzw. künstliche Sprache, die für einen bestimmten Zweck entwickelt und nicht gesprochen wird (nach WAGENKNECHT und HIELSCHER 2014, S. 6). Das Adjektiv „formal" bedeutet „die Form betreffend" (nach DUDEN-UNIVERSAL 2015, S. 630). Ebendiese „Form" wird durch die Definition von Syntax (Regeln für Verbindungen von Zeichen) und Semantik (Bedeutung von Zeichen) gezielt festgelegt und beschrieben (nach WAGENKNECHT und HIELSCHER 2014, S. 5). Beispielsweise ist die von der OMG entwickelte „Unified Modeling Language" (UML) eine formale Sprache, die zur Beschreibung von Anforderungen (vgl. Kapitel 2.1) verwendet wird (nach KECHER, SALVANOS und HOFFMANN-ELBERN 2018, S. 20 ff.). Eine formale Sprache besteht aus miteinander verbundenen „Zeichen" (Zeichenkette, Wort) die aus einem Alphabet stammen (nach WAGENKNECHT und HIELSCHER 2014, S. 19). Nach WAGENKNECHT und HIELSCHER (2014, S. 17) ist ein „Alphabet" eine vereinbarte, nicht-leere, endliche Menge (vgl. Kapitel 2.3.5) von unterscheidbaren Zeichen (Zeichenvorrat) – beispielsweise {A, B, C, a, b, c, 1, 2, 3, ⊠, ✎}. Jedoch hat nicht jedes Zeichen eines Alphabets auch eine Semantik.

Nach VOSSEN und WITT (2016, S. 15) werden Zeichen oder Zeichenketten, die eine Semantik haben, „Symbole" genannt. Beispielsweise steht das Zeichen ⊠ für einen Brief. Dabei ist jedoch zu beachten, dass die Semantik eines Symbols vom „Kontext" (Zusammenhang, Umfeld) abhängig ist (nach BÖCKENHAUER und HROMKOVIC 2013, S. 179 f.). In einer formalen Sprache werden die Regeln, nach welchen die Zeichen zu Zeichenketten verbunden werden, „konkrete Syntax" genannt (nach WAGENKNECHT und HIELSCHER 2014, S. 7 ff.). Die „Grammatik" einer formalen Sprache beschreibt die Verbindung zwischen den Zeichenketten untereinander (nach WAGENKNECHT und HIELSCHER 2014, S. 5 und S. 28 f.). In der Literatur wird die Grammatik auch „abstrakte Syntax" oder „Sprachenbeschreibung" genannt (nach WAGENKNECHT und HIELSCHER 2014, S. 12 ff.).

Die Explikationstiefe der soeben eingeführten Begriffe ist für das weitere Verständnis ausreichend. Auf eine weiterführende mathematische Beschreibung (beispielsweise nach WAGENKNECHT und HIELSCHER 2014 oder nach VOSSEN und WITT 2016), wird aus Umfangsgründen verzichtet.

2.3 Modell

Die zuvor beschriebene Formalisierung (vgl. Kapitel 2.2) ist eine Beschreibung der Anforderung in einer formalen Sprache (vgl. Kapitel 2.1). Beispielsweise über die Symbole der UML (vgl. Kapitel 2.3.2). Wie in der folgenden Abbildung 3 dargestellt definiert die MDA verschiedene Modellebenen (M3 bis M0) in Abhängigkeit vom Abstraktionsgrad (hoch bis gering):

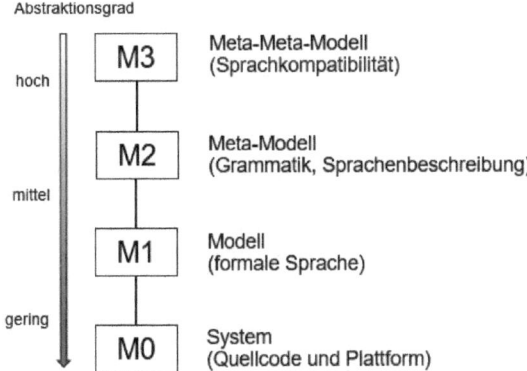

Abstraktionsgrad

hoch	**M3**	Meta-Meta-Modell (Sprachkompatibilität)
mittel	**M2**	Meta-Modell (Grammatik, Sprachenbeschreibung)
	M1	Modell (formale Sprache)
gering	**M0**	System (Quellcode und Plattform)

Abbildung 3: Abstrakte Modellebenen (nach PETRASCH und MEIMBERG 2006, S. 49)

Bereits in Kapitel 2.2 wurde festgestellt, dass die Semantik eines Symbols vom Kontext abhängt. Es kommt somit zu einem kontextbezogenen Kompatibilitätsproblem, wenn mehrere formale Sprachen mindestens ein Symbol gemeinsam verwenden (syntaktisch identisch), das jedoch hinsichtlich der Bedeutung sprachenspezifisch ist (semantisch verschieden). Die OMG entwickelt verschiedene formale Sprachen und schließt durch die Modellebene M3 (vgl. Abbildung 3) semantische Konflikte aus (semantische Eindeutigkeit). Die Sprachkompatibilität wird seitens der OMG auf dem höchsten Abstraktionsgrad sichergestellt – auf Ebene eines „Meta-Meta-Modells". Das Wort „Meta" drückt aus, dass sich etwas auf einer höheren Ebene befindet (nach DUDEN-UNIVERSAL 2015, S. 1192).

Auf der Modellebene M2 (vgl. Abbildung 3) wird die Grammatik (vgl. Kapitel 2.2) einer formalen Sprache beschrieben. Beispielsweise definiert die OMG auf dieser Ebene Syntax und Semantik für die Symbole der UML (vgl. Kapitel 2.3.2). Die Modellebene M2 wird „Meta-Modell" genannt. Ein „Meta-Modell" ist ein übergeordnetes Modell mit Informationen zu einem oder mehreren Aspekten eines Modells (nach PETRASCH und MEIMBERG 2006, S. 49).

Auf der Modellebene M1 (vgl. Abbildung 3) werden die Anforderungen (vgl. Kapitel 2.1) in einer formalen Sprache als „Modell" beschrieben (beispielsweise in der UML). Anforderungen werden in der MDA somit grundsätzlich auf einem mittleren Abstraktionsgrad dargestellt (vgl. Abbildung 3). Semantisch schwache formale Sprachen (beispielsweise nach PETRASCH und MEIMBERG 2006, S. 24 die „Interface Definition Language"[1]) schränken die Expressivität

---

[1] Auf die „Interface Definition Language" (IDL) der OMG wird aus Umfangsgründen nicht eingegangen.

(Ausdrucksfähigkeit, Deutlichkeit) bei der Modellierung ein. Die MDA beschreibt keine Methode zur semantischen Eignungsbeurteilung formaler Sprachen (P1).

Auf der Modellebene M0 (vgl. Abbildung 3) wird der Abstraktionsgrad eines Modells (aus Modellebene M1) weiter verringert. Es kommt zu einer Konkretisierung des Modells, bei der die Plattform des Systems berücksichtigt wird. Aus dem Modell (den formalisierten Anforderungen) wird schließlich der plattformspezifische Quellcode des Systems erzeugt.

Den soeben aufgezeigten Modellebenen M3 bis M0 werden in der MDA verschiedene Modellarten und Verwendungszwecke zugeordnet:

Modellart:		Verwendung:
M3	Meta Object Facility (MOF)	⇨ Sprachkompatibilität
M2	Unified Modeling Language (UML)	⇨ Grafische Modellierungssprache
M1	Computation Independent Model (CIM)	⇨ Prozessbeschreibung
M1	Platform Independent Model (PIM)	⇨ Hard- und Software unabhängige Systembeschreibung
M1	Platform Model (PM)	⇨ Beschreibung der Plattform
M1	Platform Specific Model (PSM)	⇨ Hard- und Software abhängige Systembeschreibung
M0	Platform Specific Implementation (PSI)	⇨ Hard- und Software abhängiger Code

Abbildung 4: Modellarten und Verwendungszwecke
(nach PETRASCH und MEIMBERG 2006, S. 49 und S. 100 ff.)

Bei den in Abbildung 4 gezeigten Modellarten handelt es sich um „ein Framework für die Verwendung von Modellen" (PETRASCH und MEIMBERG 2006, S. 123). Nach BALZERT (2011, S. 25) ist ein „Framework" ein „wiederverwendbarer Entwurf für einen bestimmten Anwendungsbereich". Die Abbildung zeigt Modellarten für verschiedene Anwendungsbereiche bzw. Verwendungszwecke in einem hierarchischen Zusammenhang – gemäß einem absteigenden Abstraktionsgrad (vgl. Kapitel 2.4). Innerhalb der MDA wird jedes Modell (vgl. Kapitel 2.3.3) einer Modellart (vgl. Abbildung 4) zugeordnet (nach PETRASCH und MEIMBERG 2006, S. 100 ff.). Aus der Abbildung ist zudem ersichtlich, dass sich die Modellarten bzgl. des Abstraktionsgrades auch dann unterscheiden, wenn sie sich auf der gleichen Modellebene befinden. Beispielsweise befinden sich das „Platform Independent

Model" (PIM) und das „Platform Specific Model" (PSM) auf Modellebene M1. Jedoch ist das PIM Hard- und Software unabhängig und das PSM nicht.

In den folgenden Kapiteln werden die verschiedenen Modellarten näher beschrieben. Die nun folgende Darstellung der Modellarten entspricht der Hierarchie aus Abbildung 4. Der Abstraktionsgrad zwischen den Modellarten nimmt ab (Konkretisierung).

2.3.1 Meta Object Facility (MOF)

Das „Meta Object Facility" (MOF) ist ein Meta-Meta-Modell (nach OMG-MOF-CORE 2016, S. 3) auf der Modellebene M3 (höchster Abstraktionsgrad). Alle formalen Sprachen der OMG (beispielsweise die UML, vgl. Kapitel 2.3.2) werden auf der Grundlage des MOFs definiert (nach OMG-MOF-CORE 2016, S. 5). Durch das MOF wird die semantische Eindeutigkeit sichergestellt, d. h. dass in verschiedenen formalen Sprachen der OMG keine identischen Symbole mit unterschiedlicher Semantik verwendet werden (nach OMG-MOF-CORE 2016, S. 9). Durch das gemeinsame Meta-Meta-Modell der MOF sind alle von der OMG beschriebenen formalen Sprachen kompatibel zueinander (nach OMG-MOF-CORE 2016, S. 5). Zwar wird innerhalb der MDA die Sprachkompatibilität bei der Modellerzeugung nicht explizit gefordert, dennoch ist diese später bei der Transformation (vgl. Kapitel 2.4) von Vorteil. Für das Gesamtverständnis der MDA ist das MOF von untergeordneter Relevanz. Daher wird auf eine weiterführende Darstellung verzichtet.

2.3.2 Unified Modeling Language (UML)

Die „Unified Modeling Language" (UML) ist eine formale Sprache der OMG (vgl. Kapitel 2.2), deren Grammatik in einem Meta-Modell beschrieben wird (nach OMG-UML-CORE 2015). Das Meta-Modell befindet sich auf der Modellebene M2 (hoher Abstraktionsgrad) und ist dem MOF (vgl. Kapitel 2.3.1) syntaktisch und semantisch untergeordnet. Auf diese Weise werden Redundanzen vermieden. Bestandteile der UML sind verschiedene Notationen (nach KECHER, SALVANOS und HOFFMANN-ELBERN 2018, S. 20). Eine „Notation" ist ein „System von Zeichen oder Symbolen in einer Metasprache" (DUDEN-UNIVERSAL 2015, S. 1275). Nach KECHER, SALVANOS und HOFFMANN-ELBERN (2018, S. 25) beinhaltet die UML das „Klassendiagramm" als Notation. Auf das Klassendiagramm wird in Kapitel 2.3.3 näher eingegangen. In Bezug auf die in Kapitel 1.3 angeführte Fallstudie ist das Klassendiagramm von besonderer Wichtigkeit, da über diese Notation die Struktur des neuen Systems beschrieben wird (vgl. Kapitel 2.3.3). Die einzelnen Symbole des Klassendiagramms werden in den folgenden Kapiteln dargestellt, sofern diese für das Verständnis der Fallstudie relevant sind.

2.3.3 Computation Independent Model (CIM)

Das „Computation Independent Model" (CIM) befindet sich auf der Modellebene M1. Im CIM wird die Anforderung (vgl. Kapitel 2.1) an das neue System technisch unabhängig beschrieben (nach PETRASCH und MEIMBERG 2006, S. 100). Die folgende Abbildung 5 zeigt ein CIM (Modellart), das den in der Anforderung beschriebenen strukturellen Zusammenhang (ein Katalog enthält eine beliebige Anzahl an Seiten) als Modell durch ein Klassendiagramm in der UML darstellt:

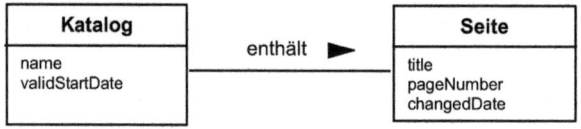

Abbildung 5: CIM als Klassendiagramm in der UML
(nach PETRASCH und MEINBERG 2006, S. 100)

Ein „Klassendiagramm" ist eine Notation aus der UML (vgl. Kapitel 2.3.2), die zur Beschreibung der Struktur eines Systems verwendet wird. Dabei wird die Struktur des Systems durch Klassen beschrieben (nach KECHER, SALVANOS und HOFFMANN-ELBERN 2018, S. 120). Eine „Klasse" ist eine Art Bauplan, der inhaltlich zusammengehörendes konsolidiert (nach KECHER, SALVANOS und HOFFMANN-ELBERN 2018, S. 39). Das Modell aus Abbildung 5 besteht aus den zwei Klassen „Katalog" und „Seite". In Abbildung 5 gehören zu den Klassen „Attribute" (Eigenschaften, Merkmale). Beispielsweise wird der Klasse „Seite" das Attribut „pageNumber" (Seitenzahl) zugeordnet. Der Zusammenhang zwischen den Klassen wird in der UML als „Assoziation" (Verknüpfung, Beziehung) bezeichnet und durch eine Verbindungslinie (———) symbolisiert. In Abbildung 5 besteht zwischen den Klassen „Katalog" und „Seite" eine „gerichtete Assoziation" (▶), die eine Leserichtung festlegt. Der Katalog „enthält" (Assoziationsname) eine Seite und nicht umgekehrt.

Das CIM (vgl. Abbildung 5) beschreibt die Anforderung (vgl. Kapitel 2.1) ohne einen technischen Umsetzungsbezug. Im Folgenden wird das Modell weiter konkretisiert.

2.3.4 Platform Independent Model (PIM)

Gemäß der Systematik der MDA wird das im vorherigen Kapitel modellierte CIM konkretisiert und in ein „Platform Independent Model" (PIM) überführt. Dazu wird die Modellebene M1 beibehalten, der Abstraktionsgrad wird geringfügig reduziert (aus Systemsicht). Das Klassendiagramm aus Abbildung 5 (vgl. Kapitel 2.3.3) wird im PIM um Datentypen aus der UML erweitert (nach KECHER, SALVANOS und HOFFMANN-ELBERN 2018, S. 43). Ein „Datentyp" beschreibt die Art von Daten, die in dem neuen System gespeichert werden sollen (nach CORDTS, BLAKOWSKI und BROSIUS 2011, S. 100 f.). „Daten" sind Zeichen (vgl. Kapitel 2.2), die gemäß einer Syntax (vgl. Kapitel 2.2) angeordnet werden (nach SCHWARZER und KRCMAR 2010, S. 7). Datentypen in der UML sind beispielsweise String, Date, Integer usw. In einem „String" wird eine Zeichenkette (z. B. ABCabc123), in einer „Integer" wird eine Ganzzahl (z. B. 678) und in einem „Date" wird ein Zeitpunkt (z. B. 01.01.2019) abgelegt. Die in der UML verwendeten Datentypen sind plattformunabhängig und in Bezug auf das neue System semantisch noch nicht eindeutig – beispielsweise hinsichtlich der Grenzen von Wertebereichen. Der „Wertebereich" beschreibt die Grenzen, zwischen denen mögliche Werte eines Datentyps liegen müssen (nach CORDTS, BLAKOWSKI und BROSIUS 2011, S. 102). Die Wertebereiche richten sich nach der Plattform, die im PIM jedoch noch nicht spezifiziert ist. Diese semantische Unschärfe ist beim PIM noch erwünscht und wird später in Kapitel 2.3.6 durch Berücksichtigung der Plattform konkretisiert. Die folgende Abbildung 6 zeigt das PIM:

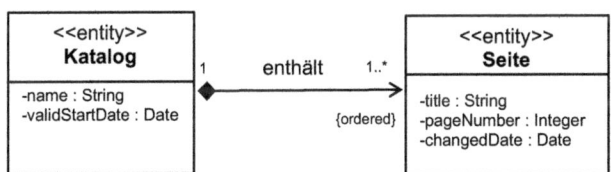

Abbildung 6: PIM als Klassendiagramm in der UML

(nach PETRASCH und MEINBERG 2006, S. 102)

Im PIM werden nun auch die „Multiplizitäten" angegeben. Eine „Multiplizität" spezifiziert die Anzahl der aus den Klassen (vgl. Kapitel 2.3.3) zu erzeugenden Objekte (nach KECHER, SALVANOS und HOFFMANN-ELBERN 2018, S. 43). Der Begriff „Objekt" bezeichnet in der UML die Instanz (Ausprägung, Exemplar) einer Klasse zur Laufzeit auf dem System (nach KECHER, SALVANOS und HOFFMANN-ELBERN 2018, S. 120). Beispielsweise soll von der Klasse „Katalog" genau ein (1) Objekt existieren (die Anforderung beschreibt nur einen Katalog). Von der Klasse „Seite" soll hingegen mindestens ein Objekt (1..*) erzeugt werden (die Anforderung beschreibt, dass die Anzahl der Seiten beliebig ist). Ein Katalog enthält geordnete Seiten, die sich voneinander unterscheiden ({ordered}). Das Ordnungsprinzip für die Seiten wird in Abbildung 6 jedoch nicht beschrieben. Hier besteht eine semantische Lücke (P2). Die MDA beschreibt keine Möglichkeit zur Prüfung der semantischen Vollständigkeit von Modellen (nach FRANKEL 2003, S. 210). In der Fallstudie wird die semantische Lücke des PIM deshalb akzeptiert.

Bereits im CIM (vgl. Kapitel 2.3.3) wurde beschrieben, dass es sich um eine „gerichtete Assoziation" handelt. Diese wird im PIM durch die Beschreibung einer „Komposition" (◆) weiter konkretisiert. Die Komposition ist eine spezielle Assoziation, bei der die Teile (Seiten) existenznotwendig für das Ganze (Katalog) sind (nach KECHER, SALVANOS und HOFFMANN-ELBERN 2018, S. 77 f.). Ohne Seiten gibt es keinen Katalog. Auch die in Abbildung 6 dargestellte Navigierbarkeit ist eine Konkretisierung der „gerichteten Assoziation" aus dem CIM. Über die „Navigierbarkeit" (➤) wird die Richtung der Assoziation detailliert dargestellt. Die Navigation beschreibt hier, dass der Katalog die Seite kennt, aber nicht zwangsläufig auch umgekehrt die Seite den Katalog (nach KECHER, SALVANOS und HOFFMANN-ELBERN 2018, S. 61).

Der Zweck der Klassen wird durch das „Stereotyp" <<entity>> semantisch konkretisiert (nach KECHER, SALVANOS und HOFFMANN-ELBERN 2018, S. 93). Die später zu erstellenden Objekte sollen persistent sein, d. h. dauerhaft speicher- und erneut aufrufbar (nach KECHER, SALVANOS und HOFFMANN-ELBERN 2018, S. 159).

Das PIM (vgl. Abbildung 6) beschreibt plattformunabhängig die Struktur des neuen Systems. Es existiert nur ein geringer technischer Umsetzungsbezug. Im Folgenden wird zunächst näher auf die Plattform eingegangen.

2.3.5 Platform Model (PM)

Das „Platform Model" (PM) befindet sich auf der abstrakten Modellebene M1 und beschreibt die Plattform des neuen Systems. Die Beschreibung erfolgt unabhängig von CIM (vgl. Kapitel 2.3.3) und PIM (vgl. Kapitel 2.3.4). Der Begriff „Plattform" wird in der Informatik unscharf verwendet (nach PETRASCH und MEINBERG 2006, S. 97 und S. 353). In der MDA wird eine „Plattform" als eine Laufzeitumgebung für eine verteilte Anwendung beschrieben (nach PETRASCH und MEINBERG 2006, S. 40 und S. 93 ff.). Nach TANENBAUM und VAN STEEN (2007, S. 18) ist eine „verteilte Anwendung" eine Software, die auf einem „verteilten System" ausgeführt wird. „Ein verteiltes System ist eine Menge voneinander unabhängiger Computer, die dem Benutzer wie ein einzelnes, kohärentes System erscheinen" (TANENBAUM und VAN STEEN 2007, S. 18). Die folgende Abbildung 7 zeigt eine Plattform mit einer verteilten Anwendung:

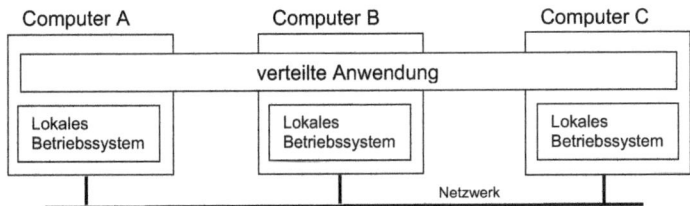

Abbildung 7: Plattform mit verteilter Anwendung
(nach TANNENBAUM und VAN STEEN 2007, S. 19)

Die Anforderung der Fallstudie verlangt eine MySQL-Datenbank als Plattform (vgl. Kapitel 2.1). Eine Plattformauswahl ist deshalb nicht notwendig. Die MDA würde diese jedoch nicht einschränken (nach PETRASCH und MEINBERG 2006, S. 97). Auf die Plattformauswahl und deren Kriterien wird deshalb nicht weiter eingegangen. Die geforderte MySQL-Datenbank ist eine „relationale Datenbank". Eine „relationale Datenbank" enthält ein Relationenmodell (nach CORDTS, BLAKOWSKI und BROSIUS 2011, S. 70). Die Grundlage für das „Relationenmodell" bildet die mathematische Relation (nach CORDTS, BLAKOWSKI und BROSIUS 2011, S. 70). Der Begriff „Relation" (R) wird in der Mathematik verwendet, um Beziehungen zwischen Mengen zu beschreiben (nach TESCHL und TESCHL 2013, S. 143). Nach VOSSEN und WITT (2016, S. 260) ist eine mathematische „Menge" (M) die Gesamtheit beliebig vieler mathematischer Elemente. Ein mathematisches „Element" (e) ist ein „Ding unserer Anschauung oder unseres Denkens" (nach WITT 2013, S. 3).

Nach TESCHL und TESCHL (2013, S. 143) wird eine Relation aus zwei Mengen (z. B. M_1 und M_2) erzeugt, indem vom kartesischen Produkt (M_1 x M_2) eine Teilmenge entnommen wird. Auf die Begriffe „Teilmenge" (nach WITT 2013, S. 72) und „kartesisches Produkt" (nach WITT 2013, S. 89) wird aus Umfangsgründen nicht vertiefend eingegangen. Zusammenfassend wird die Erzeugung einer Relation an folgendem Beispiel aufgezeigt:

Menge 1:	$M_1 = \{e_1, e_2, e_3\}$
Menge 2:	$M_2 = \{e_4, e_5\}$
Kartesisches Produkt:	M_1 x $M_2 = \{ (e_1, e_4), (e_1, e_5), (e_2, e_4), (e_2, e_5), (e_3, e_4), (e_3, e_5) \}$
Beispiel einer Relation (Teilmenge aus M_1 x M_2):	$R = \{ (e_1, e_4), (e_1, e_5) \}$

Tabelle 1: Beispiel einer mathematischen Relation
   (nach TESCHL und TESCHL 2013, S. 143)

Die im Beispiel aufgezeigte Relation besteht aus den Tupeln (e_1, e_4) und (e_1, e_5). In der Mathematik bezeichnet der Begriff „Tupel" geordnete Elemente - beispielsweise in Tabelle 1 das geordnete Elementpaar (e_1, e_4), wobei e_1 und e_4 Elemente aus zwei unterschiedlichen Mengen (M_1 und M_2) sind (nach TESCHL und TESCHL 2013, S. 15 und S. 153).
Nach TESCHL und TESCHL (2013, S. 70 f.) behandelt die Informatik in einem Relationenmodell ein „Objekt" (vgl. Kapitel 2.3.4) als mathematische Menge und ein „Attribut" (vgl. Kapitel 2.3.4) als mathematisches Element. Über das Relationenmodell ist die Darstellung von Relationen in Form von „Tabellen" möglich (nach TESCHL und TESCHL 2013, S. 151 f. und nach CORDTS, BLAKOWSKI und BROSIUS 2011, S. 70). Die Begriffe „Relation" und „Tabelle" sind folglich nicht synonym. Eine „Tabelle" besteht aus Zeilen (horizontal) und Spalten (vertikal). Die „Zeilen" beinhalten Tupel – beispielsweise (e_1, e_4) und (e_1, e_5). Nach CORDTS, BLAKOWSKI und BROSIUS (2011, S. 151 f.) enthalten „Spalten" die in der Reihenfolge der Tupel geordneten Attribute – beispielsweise (A_1, A_2). Es resultiert folgendes Beispiel einer Tabelle:

A_1	A_2
e1	e4
e1	e5

Tabelle 2: Beispiel einer Tabelle
   (nach TESCHL und TESCHL 2013, S. 152)

In der Fallstudie wird durch die Anforderung (vgl. Kapitel 2.1) davon ausgegangen, dass der Katalog (implizit auch dessen Seiten) in Tabellen einer relationalen MySQL-Datenbank persistent gespeichert wird. Jedoch wird die Expressivität bei der Modellierung durch die Plattform auf Tabellen beschränkt. Die folgende Abbildung 8 beschreibt nun das PM, als Tabelle einer MySQL-Datenbank, in Form eines Klassendiagramms in der UML:

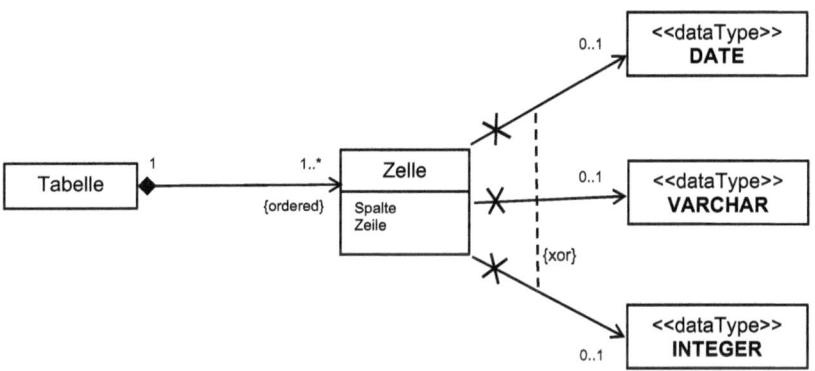

Abbildung 8: PM als Klassendiagramm in der UML

Bereits in Kapitel 2.3.4 wurden verschiedene UML-Symbole erklärt, die auch in Abbildung 8 zur Formalisierung der Struktur einer Tabelle angewendet werden. Die Tabellenstruktur wird formalisiert, da deren Modell (das PM) später zusammen mit dem PIM (vgl. Kapitel 2.3.4) für ein Mapping (vgl. Kapitel 2.3.5) verwendet wird.

In Abbildung 8 besteht die Klasse „Tabelle" aus mindestens einer Zelle (1..*). Nach KECHER, SALVANOS und HOFFMANN-ELBERN (2018, S. 77 f.) sind bei der Komposition (◆) die Teile (Zellen) existenznotwendig für das Ganze (Tabelle). Jede Zelle ist in Spalten und Zeilen geordnet ({ordered}). Das Ordnungsprinzip (Zeilen horizontal und Spalten vertikal) ist aus dem Modell nicht ersichtlich. Diesbezüglich besteht eine semantische Lücke (P2). Die MDA beschreibt keine Möglichkeit zur Prüfung der semantischen Vollständigkeit von Modellen (nach FRANKEL 2003, S. 210). In der Fallstudie wird die semantische Lücke des PM deshalb akzeptiert.

Aus Abbildung 8 ist durch das Stereotyp <<dataType>> ersichtlich, dass plattformabhängige Datentypen verwendet werden (nach KECHER, SALVANOS und HOFFMANN-ELBERN 2018, S. 95). In der Fallstudie sind es MySQL-Datentypen. Die folgende Tabelle 3 beschreibt die plattformabhängigen Wertebereiche der in Abbildung 8 aufgeführten MySQL-Datentypen:

Datentypen:	Beschreibung:	Wertebereiche:
VARCHAR	Zeichenkette	Es ist eine unbegrenzte Anzahl an Zeichen möglich, diese muss jedoch in Klammern angegeben werden. Beispiel: „VARCHAR(30)"
DATE	Datum	01.01.1000 bis 31.12.9999
INTEGER	Ganzzahl	0 bis +4294967295 oder -2147483648 bis +2147483647

Tabelle 3: Übersicht zu MySQL-Datentypen
(nach MYSQL-REFERENCE-TYPES 2018)

In Abbildung 8 wird durch die Navigierbarkeit (➔) dargestellt, dass die Zelle den Datentyp kennt. Nach KECHER, SALVANOS und HOFFMANN-ELBERN (2018, S. 60 f.) symbolisiert jedoch das Navigationsverbot (X), dass in umgekehrter Weise der Datentyp nicht die Zelle kennt. Das {xor} drückt in Verbindung mit der gestrichelten vertikalen Linie (---) aus, dass je Zelle nur ein Datentyp ausgewählt werden kann (nach OMG-UML-CORE 2015, S. 37). Das soeben beschriebene PM (vgl. Abbildung 8) ergibt sich aus der gewählten Plattform. Es kann jedoch nicht davon ausgegangen werden, dass das PM die Plattform semantisch vollständig beschreibt. Eine Methode zur Identifikation von Plattformeigenschaften, die für ein PM relevant sind, liefert die MDA nicht (P4). Die Beschreibung eines semantisch ausreichend präzisen PM ist jedoch Bedingung für die im nächsten Kapitel weiterführende Konkretisierung des PIM (vgl. Kapitel 2.3.4).

2.3.6 Platform Specific Model (PSM)

Das plattformunabhängige PIM (vgl. Kapitel 2.3.5) wird nun, unter Berücksichtigung des PM (vgl. Kapitel 2.3.5), in das plattformabhängige „Platform Specific Model" (PSM) umgewandelt. Im PSM wird dabei der Abstraktionsgrad weiter reduziert (aus Systemsicht). Das resultierende PSM befindet sich ebenfalls auf der Modellebene M1.

16

Die Umwandlung erfolgt durch ein Mapping (nach PASTOR und MOLINA 2007, S. 265 f.). Das „Mapping" enthält Regeln (Gesetzmäßigkeiten, Vorschriften), die beschreiben, wie Daten aus einem Ausgangsmodell in einem Zielmodell abgebildet werden (nach PETRASCH und MEIMBERG 2006, S. 109). Jedoch ist diese Abbildung in ihrer Eigenschaft nicht zwangsläufig bijektiv (nach PASTOR und MOLINA 2007, S. 265), d. h. die eindeutige Umkehrung der Abbildung ist evtl. nicht möglich (P5).

In der Fallstudie erfolgt ein spezielles Mapping – ein „Object-Relational Mapping" (ORM). Nach CORDTS, BLAKOWSKI und BROSIUS (2011, S. 353 ff.) bezeichnet das ORM die Umwandlung eines Klassendiagramms (PIM) in die Tabellenstruktur eines Relationenmodells (PSM). Das ORM ist notwendig, da die Klassendiagramme aus dem PIM nicht direkt semantisch in einem Relationenmodell (vgl. Kapitel 2.3.5) abgebildet werden können (nach CORDTS, BLAKOWSKI und BROSIUS 2011, S. 353). Die Anwendung des ORM ergibt sich somit implizit aus der in der Fallstudie gewählten Plattform (vgl. Kapitel 2.3.5). Nach CORDTS, BLAKOWSKI und BROSIUS (2011, S. 353 f.) werden beim ORM die folgenden Regeln angewendet:

Ausgangsmodell: PIM (Klassendiagramm)	Zielmodell: PSM (basierend auf PM)
Klasse	Tabelle
Name der Klasse	Tabellenname
Attribute	Spalten
Attributnamen	Spaltennamen
Objekt	Tabellenzeile (Tupel, Datensatz)

Tabelle 4: Regeln aus dem ORM
(nach CORDTS, BLAKOWSKI und BROSIUS 2011, S. 353 f.)

Die Regeln aus dem ORM werden um die Plattformspezifika aus dem PM erweitert:

Ausgangsmodell: PM (Klassendiagramm)	Zielmodell: PSM (basierend auf PM)
Datentyp „String"	MySQL-Datentyp „VARCHAR"
Datentyp „Integer"	MySQL-Datentyp „INTEGER"
Datentyp „Date"	MySQL-Datentyp „DATE"
Multiplizität „1"	Kardinalität „1"
Multiplizität „1..*"	Kardinalität „n" mit n = ganzzahlig $[1, \infty[$
{XOR}	Je Zelle genau 1 MySQL-Datentyp

Tabelle 5: Plattformspezifika aus dem PM

Aus dem zuvor beschriebenen Mapping (vgl. Tabellen 4 und 5) resultieren zunächst die folgenden MySQL-Tabellen:

a) Tabelle „Katalog"

name (VARCHAR)	validStartDate (DATE)
...	...

b) Tabelle „Seite"

title (VARCHAR)	pageNumber (INTEGER)	changedDate (DATE)
...	...	...

Die Assoziation der Tabellen wurde beim Mapping bisher nicht berücksichtigt. Hierfür ist in einem Relationenmodell (vgl. Kapitel 2.3.5) der Beziehungstyp relevant (nach CORDTS, BLAKOWSKI und BROSIUS 2011, S. 36 ff.). Nach CORDTS, BLAKOWSKI und BROSIUS (2011, S. 37) beschreibt der „Beziehungstyp" die Kardinalität und die Optionalität der Tabellen. In der Fallstudie legt die „Kardinalität" (vgl. Tabelle 5) fest, wie viele Objekte aus den Klassen „Katalog" und „Seite" erzeugt werden (Mächtigkeit). Gemäß Tabelle 5 enthält im PSM ein (1) Katalog mindestens (1) Seite oder (n) Seiten. Wiederum gehört eine (1) Seite zu genau einem (1) Katalog. Die „Optionalität" beinhaltet die Fragestellung, ob ein Katalog eine Seite enthalten muss bzw. ob dies fakultativ ist (nach CORDTS, BLAKOWSKI und BROSIUS 2011, S. 37). Die Frage nach der Optionalität wird durch die Komposition (♦) aus dem PIM geklärt. In Kapitel 2.3.4 wurde bereits festgestellt, dass Seiten existenznotwendig für den Katalog sind. Es gibt keinen Katalog ohne mindestens eine (1) Seite.

In Anlehnung an CORDTS, BLAKOWSKI und BROSIUS (2011, S. 73 f.) sind aus Kardinalität und Optionalität ersichtlich, dass es sich um einen Beziehungstyp 1:n handelt. Bisher noch unberücksichtigt ist dabei die Navigierbarkeit (➔) aus dem PIM (vgl. Kapitel 2.3.4). Die Tabelle „Katalog" kennt die Tabelle „Seite", die „Seite" jedoch nicht zwangsläufig auch den „Katalog". Zudem existiert im PIM kein Navigationsverbot (X) für diese Umkehrung. Die Navigierbarkeit erzeugt hier folglich keinen semantischen Widerspruch in Bezug auf das Mapping des Beziehungstyps. Das Mapping auf den Beziehungstyp 1:n ist deshalb plausibel. Die soeben durchgeführte semantische Plausibilitätsprüfung erscheint beim PSM notwendig, wird jedoch in der MDA nicht beschrieben (P3).

Für den identifizierten Beziehungstyp 1:n findet sich in der Literatur folgende Vorschrift: „Bei 1:n Beziehungen wird der Primärschlüssel der 1er-Tabelle (Elterntabelle) als Fremdschlüssel in die n-er-Tabelle (Kindtabelle) übernommen" (CORDTS, BLAKOWSKI und BROSIUS 2011, S. 74). Ein „Primärschlüssel" (——) besteht aus einer Tabellenspalte, die sicherstellt, dass alle Tabellenzeilen (Tupel, Datensätze) sich eindeutig voneinander unterscheiden (nach CORDTS, BLAKOWSKI und BROSIUS 2011, S. 71). Aufgrund der Kardinalität enthält die Tabelle „Katalog" den Primärschlüssel. Der Primärschlüssel („id") wird in die zuvor unter a) beschriebene Tabelle „Katalog" eingefügt. Er besteht aus fortlaufenden eindeutigen Ganzzahlen (INTEGER, vgl. Tabelle 5). Es resultiert folgende Tabelle:

id (INTEGER)	name (VARCHAR)	validStartDate (DATE)
...	...	...

Abbildung 9: PSM als MySQL-Tabelle „Katalog" (Teil 1)

Der in der Vorschrift erwähnte „Fremdschlüssel" ist ein Verweis auf den Primärschlüssel der Elterntabelle, der sich in der Kindtabelle befindet (nach CORDTS, BLAKOWSKI und BROSIUS 2011, S. 72). Aufgrund der Kardinalität erhält die Tabelle „Seite" den Fremdschlüssel. Der Fremdschlüssel wird in die zuvor unter b) beschriebene Tabelle „Seite" eingefügt und verweist auf den Primärschlüssel („id") der Tabelle „Katalog".

Außerdem ist die Tabelle „Seite" geordnet, was im PIM in Kapitel 2.3.4 durch {ordered} symbolisiert wird. Als Ordnungskriterium für die Tablelle „Seite" wird konkretisierend die „pageNumber" verwendet. Jedoch ist diese alleine nicht eindeutig genug, um Redundanzen von Tabellenzeilen (Tupeln, Datensätzen) zu vermeiden. Nach CORDTS, BLAKOWSKI und BROSIUS (2011, S. 74) kann in einem solchen Fall bei dem Beziehungstyp 1:n in der Kindtabelle ein „zusammengesetzter Primärschlüssel" verwendet werden. Der Primärschlüssel der Tabelle „Seite" wird deshalb zusammengesetzt aus

    1. der „pageNumber" (in der Tabelle „Seite") und

    2. dem Fremdschlüssel „id" (Verweis zur Tabelle „Katalog").

Aus der Berücksichtigung dieser Änderungen in der zuvor unter b) beschriebenen Tabelle „Seite" resultiert folgende Tabelle:

pageNumber (INTEGER)	title (VARCHAR)	changedDate (DATE)	id (INTEGER)
...	...	...	...

Abbildung 10: PSM als MySQL-Tabelle „Seite" (Teil 2)

Das PSM besteht nun aus den MySQL-Tabellen „Katalog" (vgl. Abbildung 9) und „Seite" (vgl. Abbildung 10). Beide Tabellen stehen miteinander in einer 1:n Beziehung. Im Folgenden Kapitel wird das PSM weiter konkretisiert.

2.3.7 Platform Specific Implementation (PSI)

Das im vorherigen Kapitel modellierte PSM wird nun in eine „Platform Specific Implementation" (PSI) umgewandelt. Die PSI befindet sich auf Modellebene M0 (keine Abstraktion) und ist Systembestandteil (Quellcode). Deshalb kann im PSI die „Structured Query Language" (SQL) von MySQL verwendet werden. Die SQL wird im „Database Management System" (DBMS) von MySQL ausgeführt (Laufzeitumgebung). Aus Umfangsgründen wird auf die SQL und das DBMS von MySQL nicht vertiefend eingegangen. Nach der MYSQL-REFERENCE-SQL (2018) können durch den folgenden SQL-Ausdruck neue Tabellen erzeugt werden:

```
CREATE TABLE tbl_name (col_name data_type AUTO_INCREMENT PRIMARY KEY, ... );
```

Abbildung 11: Erzeugung einer MySQL-Tabelle
(nach MYSQL-REFERENCE-SQL 2018)

Der SQL-Ausdruck aus Abbildung 11 wird als Schablone für die Erzeugung des PSI verwendet. Durch die Schablone wird der SQL-Code für die im PSM (vgl. Kapitel 2.3.6) beschriebenen Tabellen „Katalog" und „Seite" generiert. Der SQL-Ausdruck (Schablone) enthält folgende Platzhalter:

1. „tbl_name" für den Tabellennamen,
2. „col_name" für den Spaltennamen und
3. „data_type" für den MySQL-Datentyp (vgl. Kapitel 2.3.5, Tabelle 3).

Mehrere Spalten werden durch Kommata getrennt. Die Erzeugung der Primärschlüssel erfolgt durch die Option „PRIMARY KEY". Die Option „AUTO_INCREMENT" erhöht den Wert des Primärschlüssels automatisch, wenn eine neue Tabellenzeile (Tupel, Datensatz) hinzugefügt wird. Beim MySQL-Datentyp „VARCHAR" ist es syntaktisch notwendig, die maximale Anzahl an Zeichen (Wertebereich) in Klammern anzugeben (vgl. Kapitel 2.3.5, Tabelle 3), beispielsweise „VARCHAR(30)". Diese Information liefert das PSM nicht. Es besteht eine semantische Lücke (P2). Die MDA beschreibt hier keine Möglichkeit zur Prüfung der semantischen Vollständigkeit bei der Umwandlung (nach FRANKEL 2003, S. 210). In der Fallstudie wird die semantische Lücke des PM deshalb akzeptiert, muss an dieser Stelle aber aufgrund der SQL-Syntax von MySQL zwingend ergänzt werden.

Die Tabellen „Katalog" und „Seite" aus dem PSM, werden in der SQL von MySQL (Quellcode) wie folgt erzeugt:

```
CREATE TABLE Katalog (id INTEGER AUTO_INCREMENT PRIMARY KEY,
                      name VARCHAR(30),
                      validStartDate DATE);

CREATE TABLE Seite (pageNumber INTEGER,
                    title VARCHAR(30),
                    changedDate DATE,
                    id INTEGER,
                    PRIMARY KEY (pageNumber,id));
```

Abbildung 12: PSI in der SQL von MySQL

2.4 Transformation

Die in Kapitel 2.3, Abbildung 4 gemäß dem absteigenden Abstraktionsgrad aufgelisteten Modellarten (CIM, PIM, PM, PSM und PSI) wurden in den vorherigen Kapiteln erklärt. Insbesondere die Umwandlung bzw. Umformung zwischen den Modellarten wurde aufgezeigt. Nach OMG-MDA-GUIDE (2014, S. 8) wird in der MDA die Umwandlung bzw. Umformung eines Ausgangsmodells in ein Zielmodell als „Transformation" bezeichnet. Sie ist ein Vorgang bzw. Arbeitsschritt (nach STAHL, VÖLTER und EFFTINGE u. a. 2007, S. 33). Nach PETRASCH und MEIMBERG (2006, S. 107) geht die Transformation dabei über die „Translation" (Übersetzung) einzelner Symbole hinaus, da auch der semantische Gesamtzusammenhang betrachtet wird – im Ergebnis sind Ausgangs- und Zielmodell hinsichtlich der Semantik identisch (nur der Abstraktionsgrad unterscheidet sich). In der Fallstudie wurde die Transformation zunächst manuell durchgeführt. Die bereits in Kapitel 2.1 aufgeführten Vorteile der MDA (↑ Qualität, ↓ Kosten, ↓ Dauer) werden jedoch durch die Automatisierung bedingt. Zwischen bestimmten Modellarten erfolgt die Transformation automatisiert (vgl. Abbildung 13), d. h. als technischer Vorgang. Die folgende Abbildung 13 zeigt den Ablauf der Transformationen (Schritte 1 bis 8):

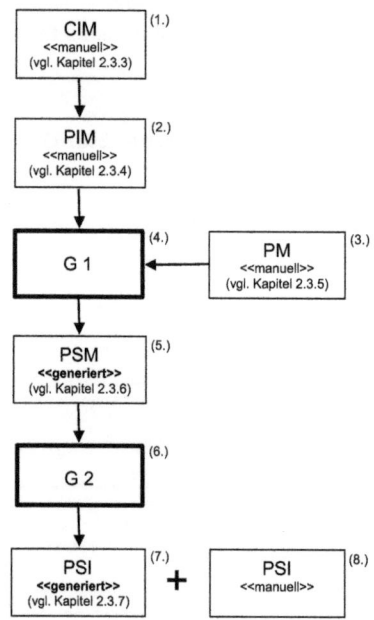

Abbildung 13: Ablauf der Transformationen

(nach PETRASCH und MEIMBERG 2006, S. 123 und S. 107)

In Abbildung 13 wird zunächst mit der Erzeugung des CIM (1.) begonnen. Das CIM wird manuell erzeugt, was in der Abbildung durch <<manuell>> gekennzeichnet ist. Aus dem CIM wird danach manuell das PIM (2.) abgeleitet. In Folge wird das PM (3.) manuell erzeugt. Danach erzeugt ein Generator G1 (4.) aus dem PIM – unter Berücksichtigung des PM – das PSM (5.). Der „Generator G1" ist eine Software, die das ORM automatisiert durchführt und auch die Spezifika aus dem PM berücksichtigt (vgl. Kapitel 2.3.6). Die automatische Erzeugung des PSM durch G1 ist in der Abbildung mit <<generiert>> gekennzeichnet. Im Anschluss transformiert ein Generator G2 (6.) das PSM in das PSI (7.). Der „Generator G2" ist eine Software, die den plattformabhängigen SQL-Code erzeugt (vgl. Kapitel 2.3.7). Das erzeugte PSI wird nachträglich evtl. manuell erweitert (8.).

Zudem ist aus Abbildung 13 ersichtlich, dass die Aufgaben und Transformationsergebnisse von G1 und G2 wesentlich durch PIM und PM beeinflusst werden, wobei sich die Ergebnisse von G2 seriell nach denen von G1 richten. Dies bedeutet: Was G1 nicht transformiert, kann G2 nicht erkennen oder ausgleichen. Neben der in der Fallstudie ausgewählten Plattform (vgl. Kapitel 2.3.5) können Generatoren (G1 und G2) für multiple Plattformen (verschiedene PMs) entwickelt werden. Aus Umfangsgründen wird auf Transformationen für multiple Plattformen nicht näher eingegangen, obwohl dies weitere Erkenntnisse über die Problembereiche (vgl. Kapitel 1.2 und 1.3) liefern könnte.

Während der in Abbildung 13 beschriebenen Transformation (Schritte 1 bis 8) wird das Abstraktionsniveau immer weiter verringert (Konkretisierung). Die Systematik der MDA (vgl. Kapitel 2, Abbildung 1) beschreibt jedoch auch eine Umkehrung der Transformation (Schritte 8 bis 1), die das Abstraktionsniveau immer weiter erhöht (Genrealisierung). Aus vereinfachungsgründen wird diese im Weiteren „Umkehrtransformation" genannt. Sie ist notwendig, da sich Anforderungen über den Projektverlauf ändern und manuelle Änderungen am Quellcode zu Anpassungen von Modellen führen (vgl. Kapitel 2, Abbildung 1). Die Umkehrtransformation wird jedoch aufgrund des in Kapitel 2.3.6 beschriebenen Problembereichs P5 (fehlende bijektive Eigenschaft beim Mapping) im Weiteren nicht explizit beschrieben.

Im folgenden Kapitel werden die identifizierten Problembereiche zusammengefasst.

Zusammenfassung und Ausblick

In den vorherigen Kapiteln erfolgte die Explikation der MDA anhand einer Fallstudie (vgl. Kapitel 1.2 und 1.3). Eine kritische Betrachtung der Fallstudie liefert zusammenfassend die folgenden Problembereiche (P):

Problembereich (P):	Beschreibung:
P1	Fehlende Methode zur Eignungsbeurteilung formaler Sprachen (Möglichkeit der Verwendung einer semantisch schwachen formalen Sprache)
P2	Fehlende Behandlung semantischer Lücken (semantische Unvollständigkeit von Modellen, semantische Verluste bei Transformationen)
P3	Fehlende Behandlung semantischer Widersprüche (fehlende semantische Plausibilitätsprüfung)
P4	Fehlende Methode zur Identifikation von Eigenschaften für das PM (semantisch schwaches PM)
P5	Unzuverlässige bzw. nicht eindeutige Umsetzbarkeit der Umkehrtransformation (fehlende bijektive Eigenschaft beim Mapping)

Tabelle 6: Identifizierte Problembereiche

Aus den identifizierten Problembereichen (P1 bis P5) werden im Weiteren Hypothesen (H) gebildet. Die Hypothesen sollen eine weiterführende Untersuchung der Zusammenhänge zwischen den Problembereichen und deren Auswirkungen auf die Effizienz von Softwareentwicklungsprojekten (vgl. Kapitel 2.1) ermöglichen. Aus Umfangsgründen werden die Hypothesen im Folgenden jedoch nur aufgezeigt und nicht geprüft.

Der Problembereich P1 beschreibt die Möglichkeit eine schwache formale Sprache bei der Formalisierung zu verwenden. Die MDA beinhaltet keine Methode zur Eignungsbeurteilung formaler Sprachen. Bezüglich der Effizienz wird daraus folgende Hypothese gebildet:

H1   P1 verringert durch die eingeschränkte Expressivität bei der Modellierung die Vorteile der MDA (vgl. Kapitel 2.1).

24

Die Problembereiche P2 und P3 beschreiben semantische Lücken und Widersprüche. Diese wirken sich negativ auf Generatoren aus (nach PETRASCH und MEIMBERG 2006, S. 27). Bezüglich der Effizienz werden daraus die folgenden Hypothesen gebildet:

H2   P2 und P3 verschlechtern die Transformationsergebnisse von Generatoren so, dass die Vorteile der MDA (vgl. Kapitel 2.1) verringert werden.

H3   P2 und P3 verschlechtern die Transformationsergebnisse von Generatoren im Falle eines breiten Modellspektrums (beispielsweise mehrerer multipler Plattformen) so, dass die Vorteile der MDA (vgl. Kapitel 2.1) verringert werden.

H4   Ein enges Modellspektrum verringert die negativen Auswirkungen von P2 und P3 auf die Transformationsergebnisse von Generatoren. Die Entwicklung und Spezialisierung mehrerer verschiedener Generatoren führt jedoch zu einem höheren Aufwand, was die Vorteile der MDA (vgl. Kapitel 2.1) verringert.

Der Problembereich P4 beschreibt, dass in der MDA eine Methode zur Identifikation von Plattformeigenschaften für das PM fehlt. Zudem werden von der OMG keine Beispiele zu verschiedenen PMs herausgegeben. Bezüglich der Effizienz wird daraus folgende Hypothese gebildet:

H5   P4 verschlechtert die Transformationsergebnisse von Generatoren so, dass die Vorteile der MDA (vgl. Kapitel 2.1) verringert werden.

Der Problembereich P5 beschreibt die fehlende bijektive Eigenschaft beim Mapping (vgl. Kapitel 2.3.6). In der Fallstudie kann deshalb die in der MDA vorgesehene Umkehrtransformation nicht eindeutig realisiert werden. Bezüglich der Effizienz wird daraus folgende Hypothese gebildet:

H6   P5 führt durch die nicht eindeutige Umkehrtransformation zu einem erhöhten manuellen Aufwand. Änderungen am Quellcode müssen parallel in bestehende Modelle eingepflegt werden. Die Vorteile der MDA (vgl. Kapitel 2.1) werden dadurch verringert.

Die Problembereiche stellen die in Kapitel 2.1 aufgeführten Vorteile der MDA (↑ Qualität, ↓ Kosten, ↓ Dauer) und damit die Effizienz in Frage. Die aus den Problembereichen entwickelten Hypothesen (H1 bis H6) sollten durch weitere Fallstudien geprüft werden.

Literaturverzeichnis

<u>Buchquellen</u>

BALZERT, Helmut:
  Lehrbuch der Softwaretechnik.
  Heidelberg: Spektrum Verlag, 3. Auflage 2011.

BÖCKENHAUER, Hans-Joachim; HROMKOVIC, Juraj:
  Formale Sprachen.
  Wiesbaden: Springer Vieweg Verlag, 2013.

CORDTS, Sönke; BLAKOWSKI, Gerold; BROSIUS, Gerhard:
  Datenbanken für Wirtschaftsinformatiker.
  Wiesbaden: Vieweg + Teubner Verlag, 2011.

DUDEN-UNIVERSAL:
  Deutsches Universalwörterbuch.
  Berlin: Dudenverlag, 8. Auflage 2015.

FRANKEL, David:
  Model Driven Architecture.
  USA Indianapolis: Wiley Verlag, 2003.

HAMILTON, Patrick:
  Wege aus der Softwarekrise.
  Berlin, Heidelberg: Springer Verlag, 2005.

HOFFMANN, Dirk:
  Software-Qualität.
  Heidelberg: Springer Verlag, 2013.

IEEE-STANDARD 1471-2000:
  Recommended Practice for Architectural Description
  of Software-Intensive Systems.
  IEEE-Standard 1471-2000.

IEEE-STANDARD 610.12-1990:
  Glossary of Software Engineering Terminology.
  IEEE-Standard 610.12-1990.

KECHER, Christoph; SALVANOS, Alexander; HOFFMANN-ELBERN, Ralf:
  UML 2.5.
  Bonn: Rheinwerk Verlag, 6. Auflage 2018.

PASTOR, Oscar; MOLINA, Juan:
  Model-Driven Architecture in Practice.
  Heidelberg: Springer Verlag, 2007.

PETRASCH, Roland; MEINBERG, Oliver:
  Model Driven Architecture.
  Heidelberg: dpunkt Verlag, 2006.

POHL, Klaus; RUPP, Chris:
    Basiswissen Requirements Engineering.
    Heidelberg: dpunkt Verlag, 4. Auflage 2015.

REISS, Manuela; REISS Georg:
    Praxisbuch IT-Dokumentation.
    München: Addison-Wesley Verlag, 2009.

RUSSEL, Stuart; NORVIG, Peter:
    Künstliche Intelligenz.
    Hallbergmoos: Pearson Verlag, 3. Auflage 2012.

SCHWARZER, Bettina; KRCMAR, Helmut:
    Wirtschaftsinformatik.
    Stuttgart: Schäffer-Poeschel Verlag, 4. Auflage 2010.

STAHL, Thomas; VÖLTER, Markus; EFFTINGE, Sven u. a.:
    Modellgetriebene Softwareentwicklung.
    Heidelberg: dpunkt Verlag, 2. Auflage 2007.

TANENBAUM, Andrew; VAN STEEN, Marten:
    Verteilte Systeme.
    München: Pearson Studium Verlag, 2. Auflage 2007.

TESCHL, Gerald; TESCHL, Susanne:
    Mathematik für Informatiker (Band 1).
    Heidelberg: Springer Verlag, 4. Auflage 2013.

VERSTEEGEN, Gerhard:
    Projektmanagement.
    Berlin, Heidelberg: Springer Verlag, 2000.

VOSSEN, Gottfried; WITT, Kurt-Ulrich:
    Grundkurs Theoretische Informatik.
    Wiesbaden: Springer Vieweg Verlag, 6. Auflage 2016.

WAGENKNECHT, Christian; HIELSCHER, Michael:
    Formale Sprachen, abstrakte Automaten und Compiler.
    Wiesbaden: Springer Vieweg Verlag, 2. Auflage 2014.

WITT, Kurt-Ulrich:
    Mathematische Grundlagen für die Informatik.
    Wiesbaden: Springer Vieweg Verlag, 2013.

WÖHE, Günther; DÖRING, Ulrich; BRÖSEL, Gerrit:
    Einführung in die Allgemeine Betriebswirtschaftslehre.
    München: Vahlen Verlag, 26. Auflage 2016.

<u>Internetquellen</u>

MYSQL-REFERENCE-SQL:
> MySQL Reference (8.0).
> https://dev.mysql.com/doc/refman/8.0/en/create-table.html, 2018.
> 08.01.2019.

MYSQL-REFERENCE-TYPES:
> MySQL Reference (8.0).
> https://dev.mysql.com/doc/refman/8.0/en/data-type-overview.html, 2018.
> 08.01.2019.

OMG-ABOUT:
> Developing in OMG's Model-Driven Architecture Revision (2.6).
> https://www.omg.org/about/index.htm, 2018.
> 08.01.2019.

OMG-DEVELOPING-MDA:
> Developing in OMG's Model-Driven Architecture Revision (2.6).
> https://www.omg.org/cgi-bin/doc?omg/01-12-01.pdf, 2001.
> 08.01.2019.

OMG-UML-CORE:
> OMG UML (2.5).
> https://www.omg.org/spec/UML/2.5/PDF, 2015
> 08.01.2019.

OMG-MDA-GUIDE:
> MDA Guide (2.0).
> https://www.omg.org/cgi-bin/doc?ormsc/14-06-01.pdf, 2014.
> 08.01.2019.

OMG-MOF-CORE:
> OMG Meta Object Facility (MOF) Core Specification (2.5.1).
> https://www.omg.org/spec/MOF/2.5.1/PDF, 2016.
> 08.01.2019.

STANDISH-ABOUT:
> About The Standish Group.
> https://www.standishgroup.com/about, 2018.
> 08.01.2019.

STANDISH-CHAOS-REPORT:
> Chaos Report (2015).
> https://www.standishgroup.com/sample_research_files/CHAOSReport2015-
> Final.pdf, 2015.
> 08.01.2019.